Kupferstiche zu Goethes Werken

KUPFERSTICHE ZU GOETHES WERKEN

1827–1834

Artemis Verlag München

Mit einer Nachbemerkung von Hans Henning

ISBN 3-7608-2743-8

Verlegt 1987 im Artemis Verlag München und Zürich.

Bildtafeln

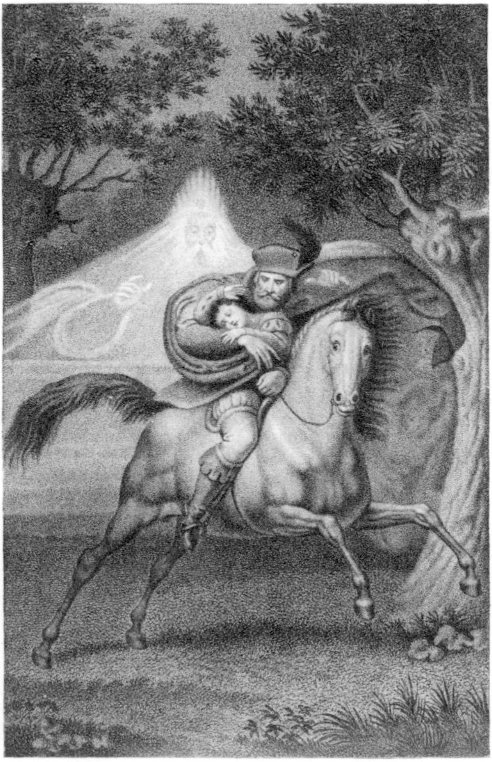

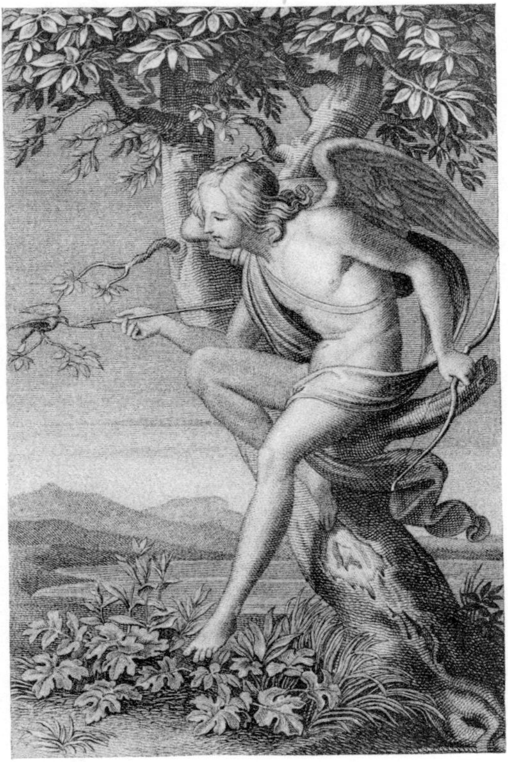

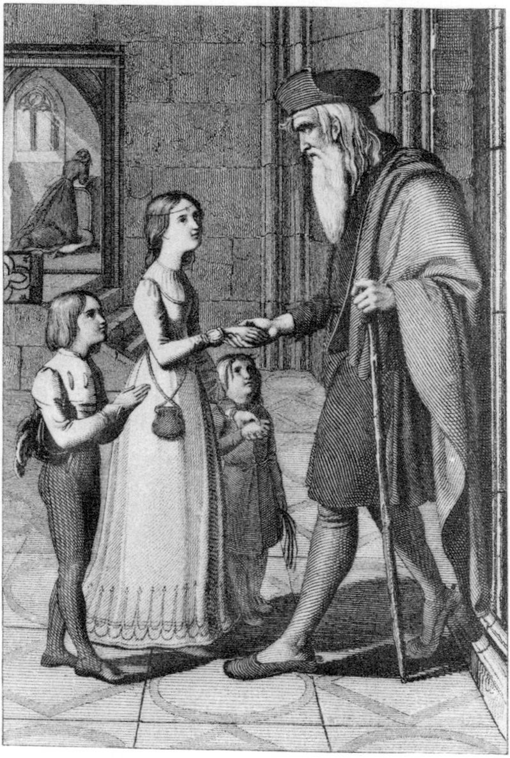

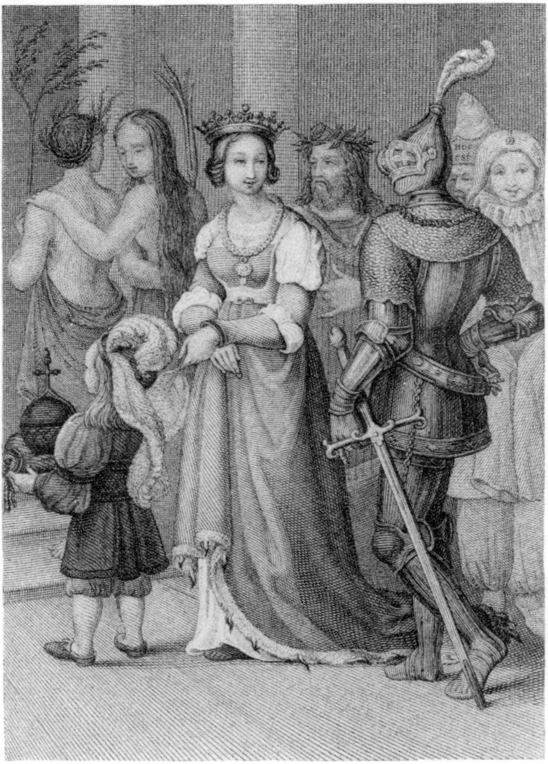

4

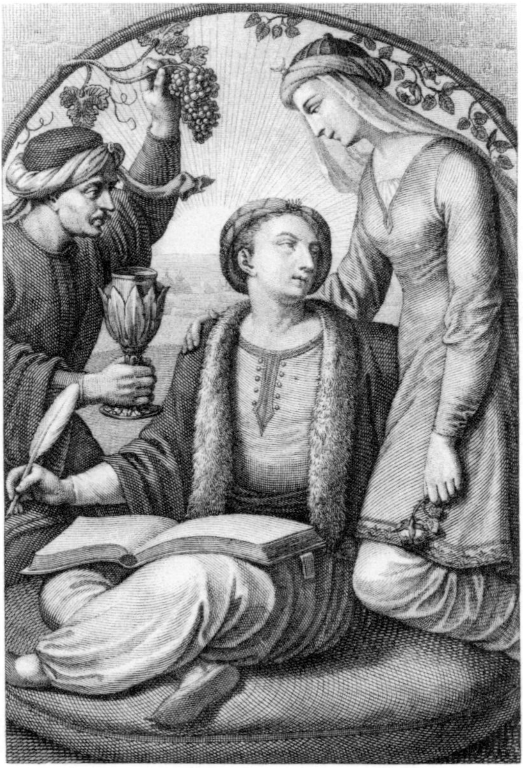

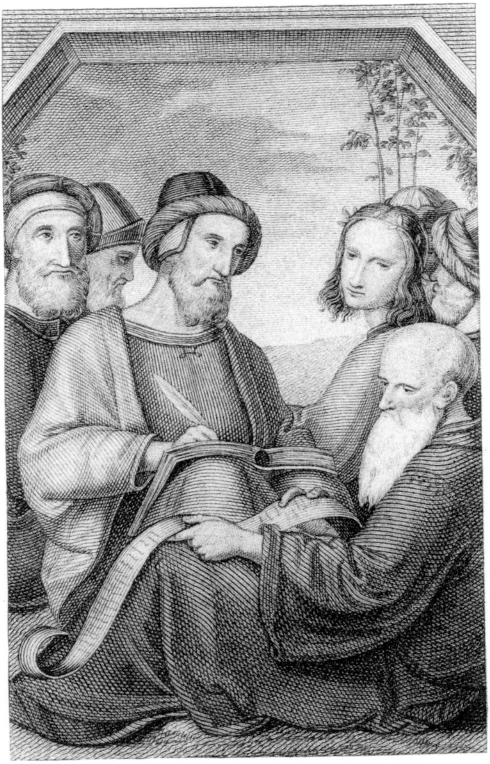

6

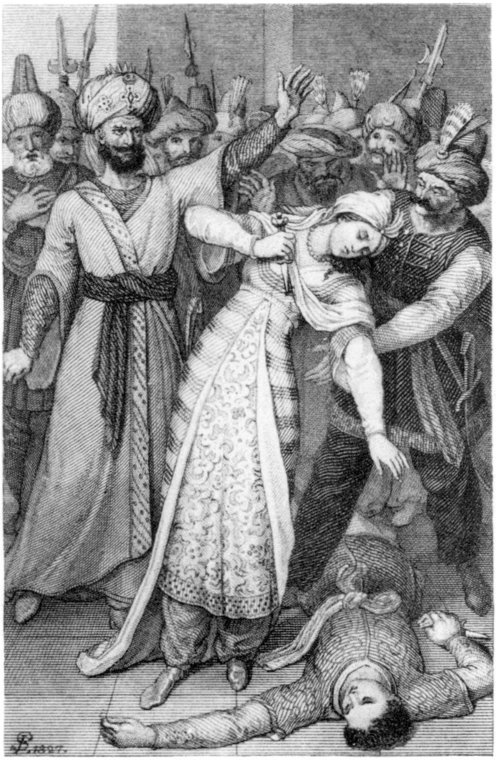

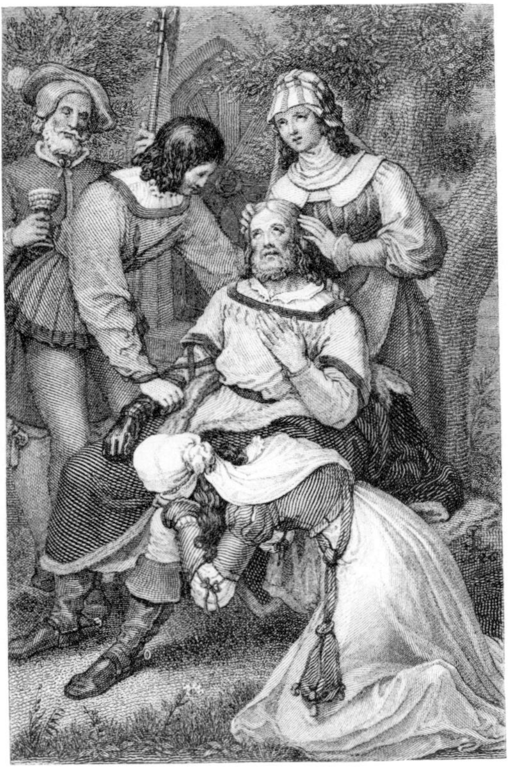

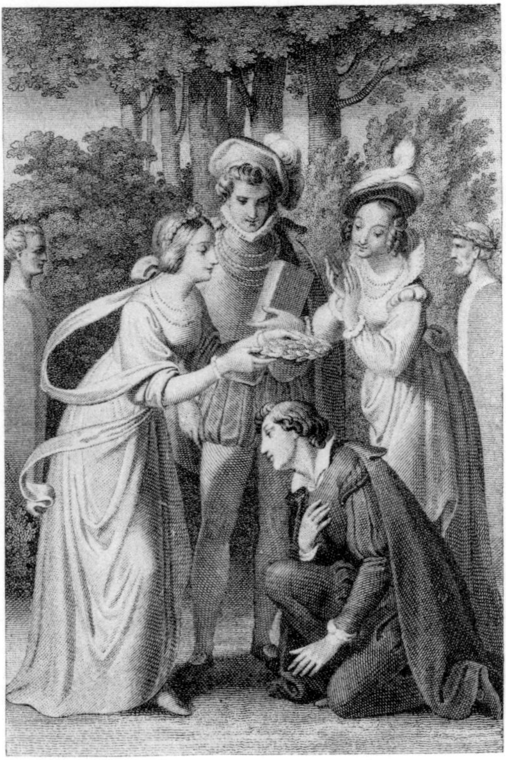

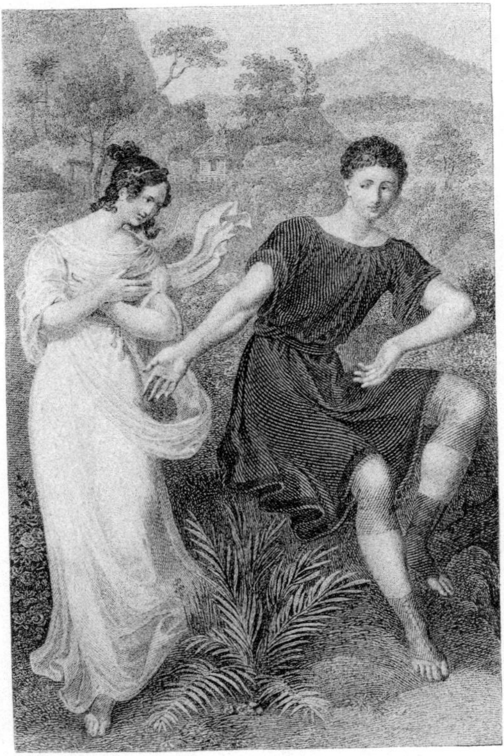

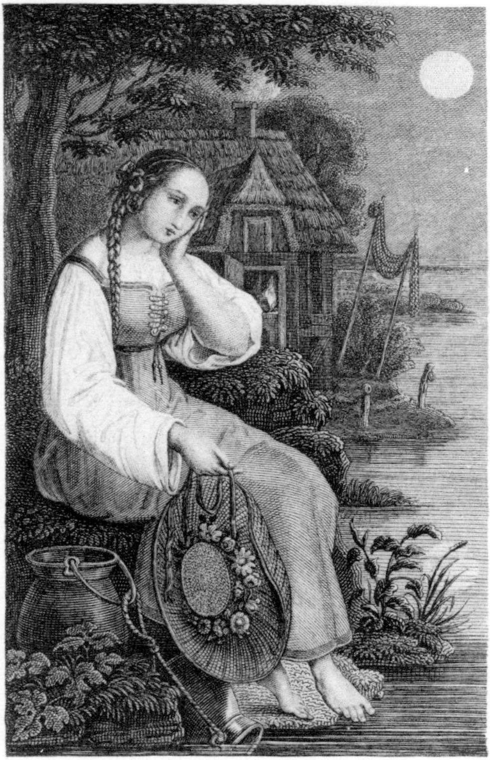

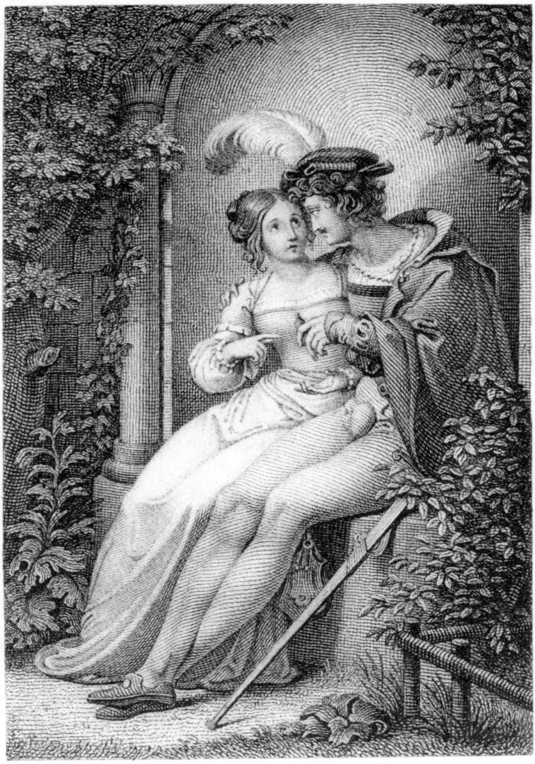

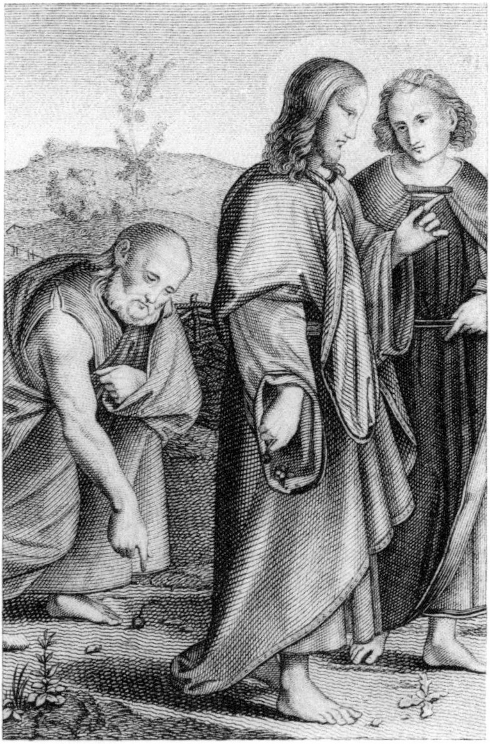

13a

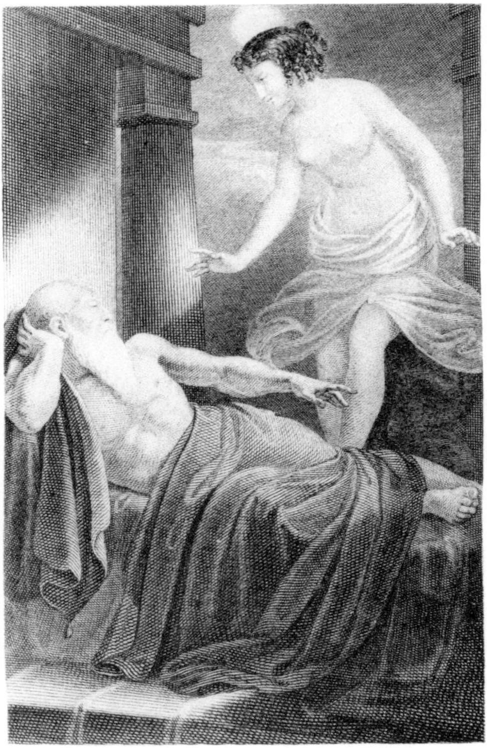

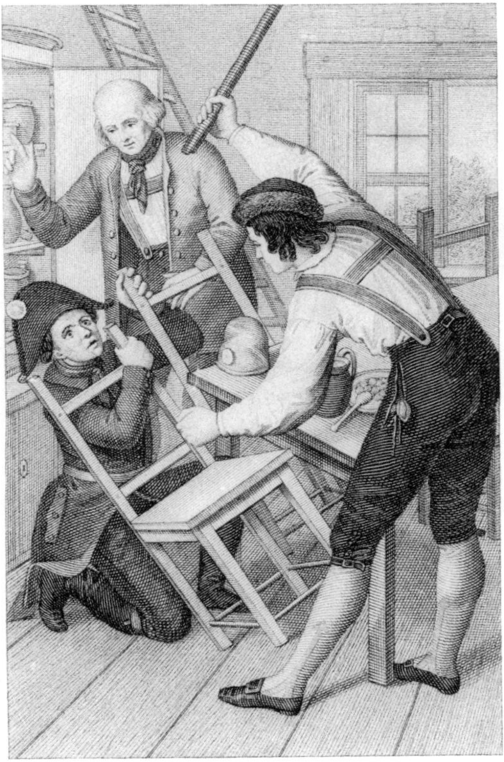

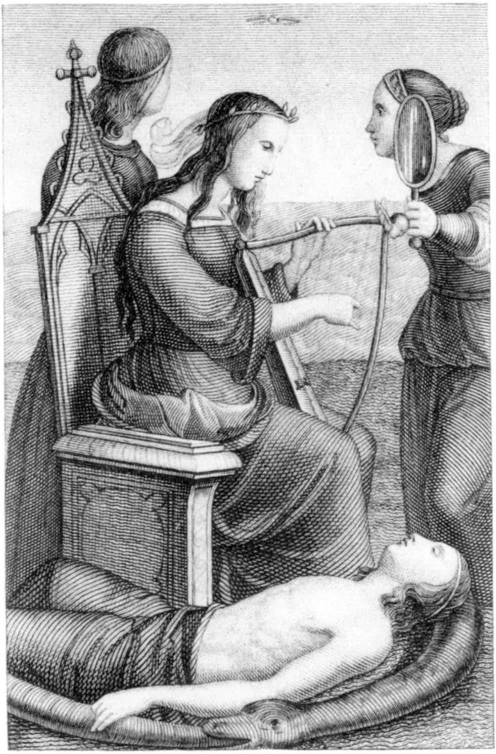

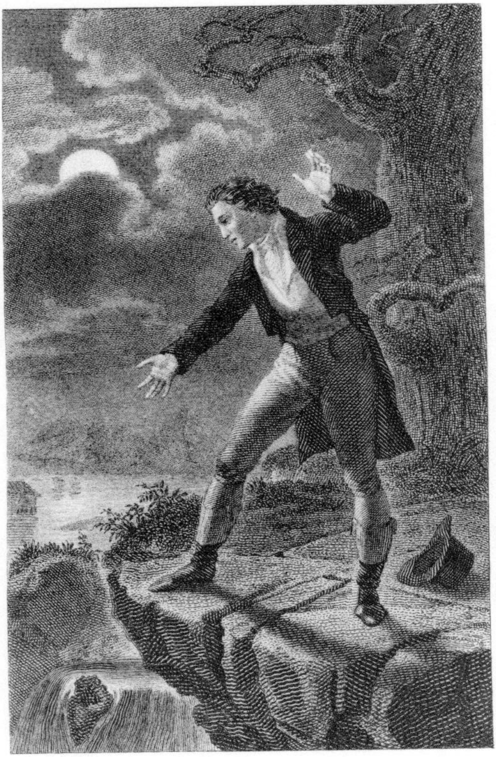

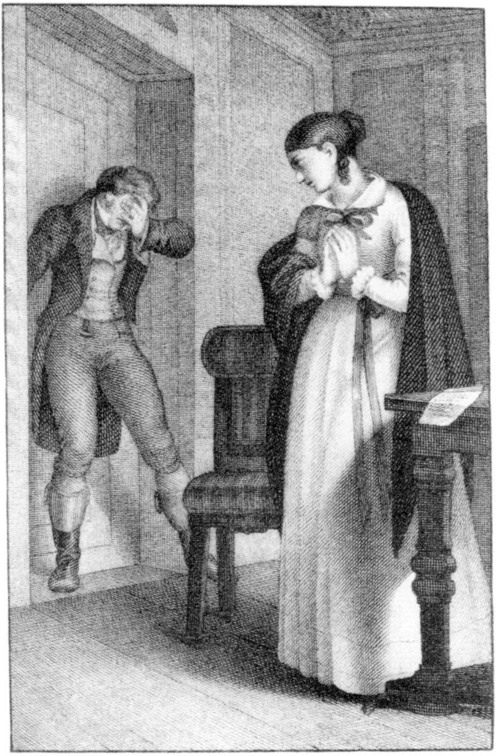

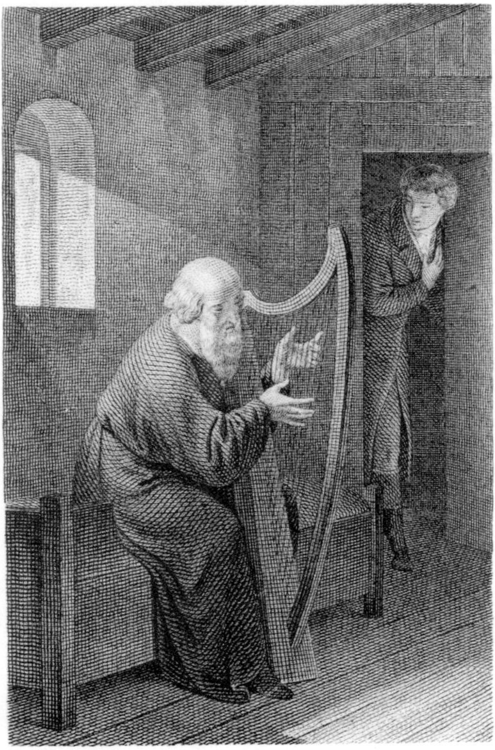

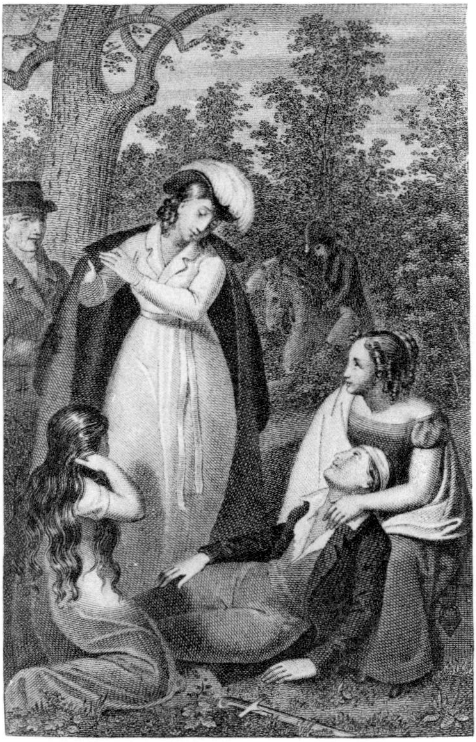

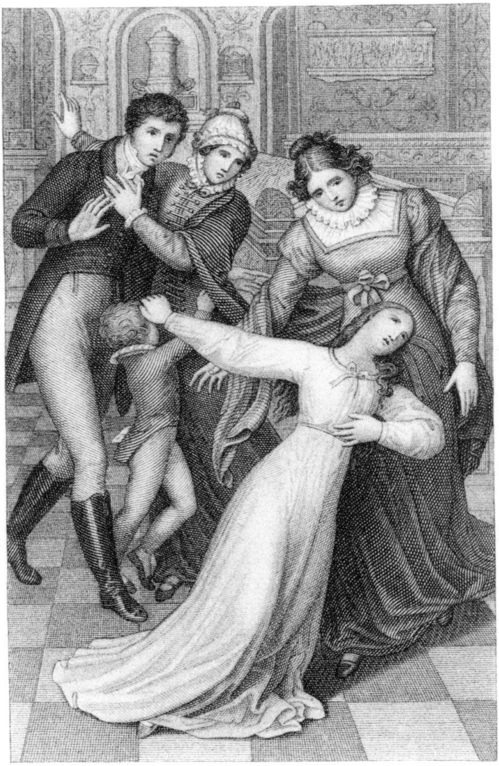

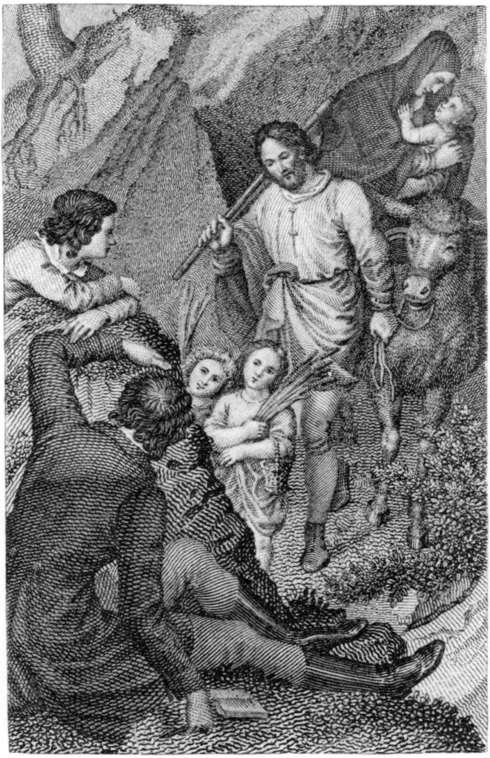

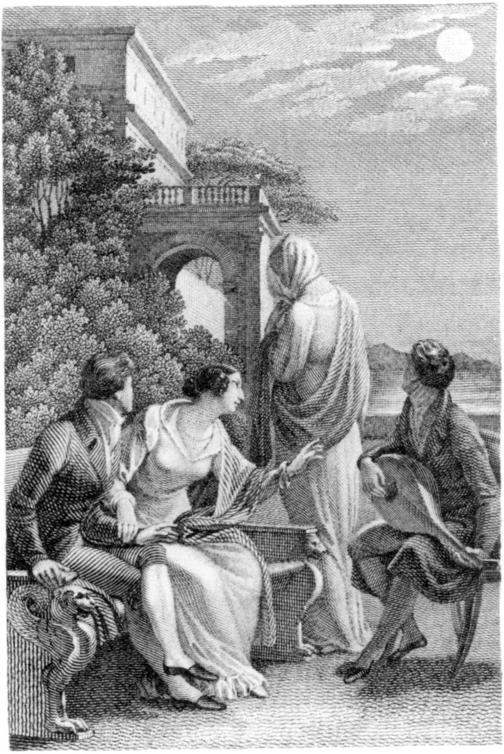

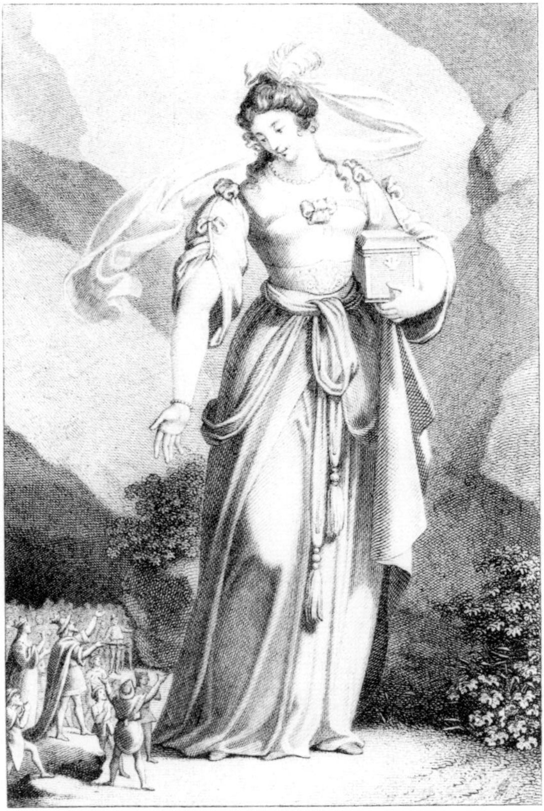

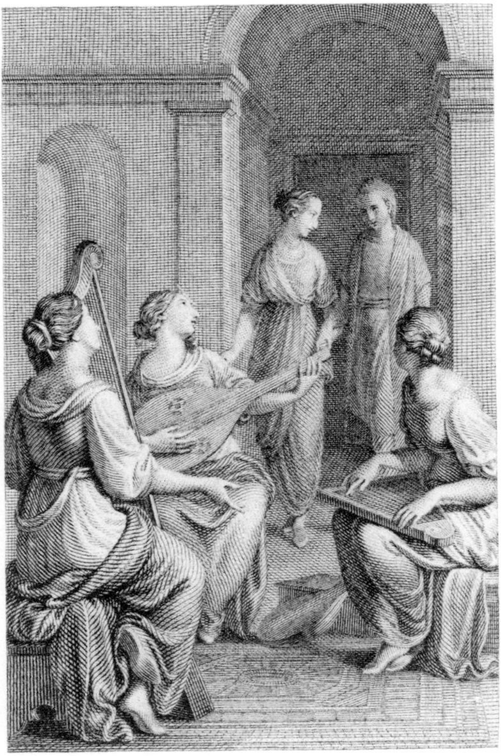

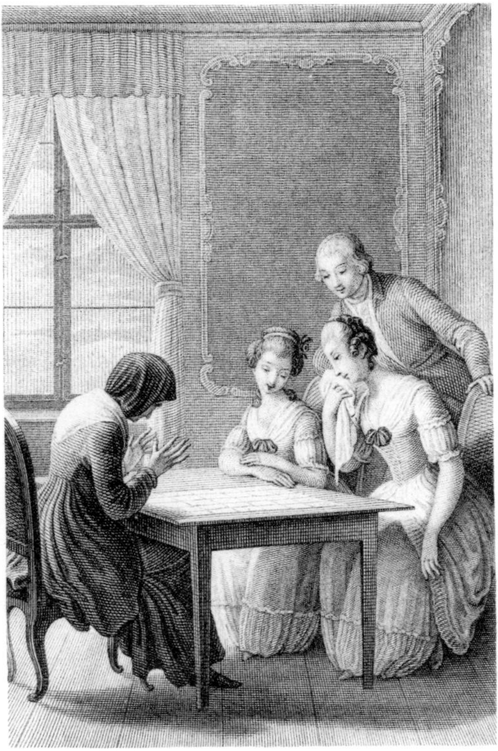

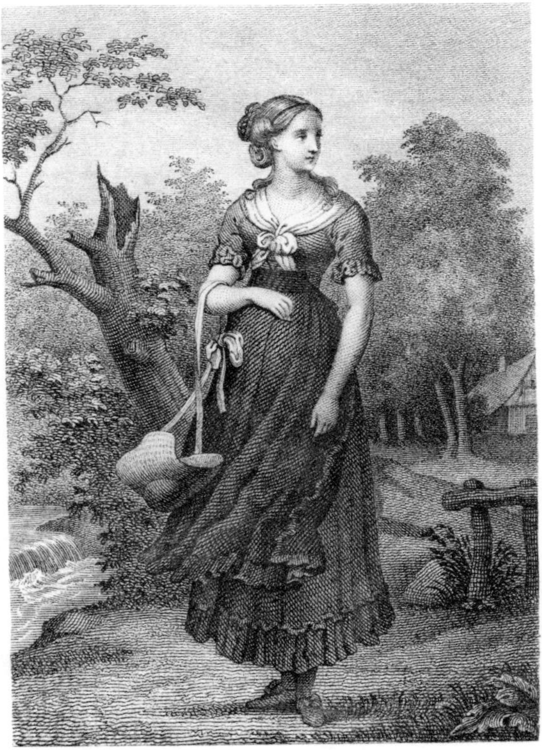

Friederike

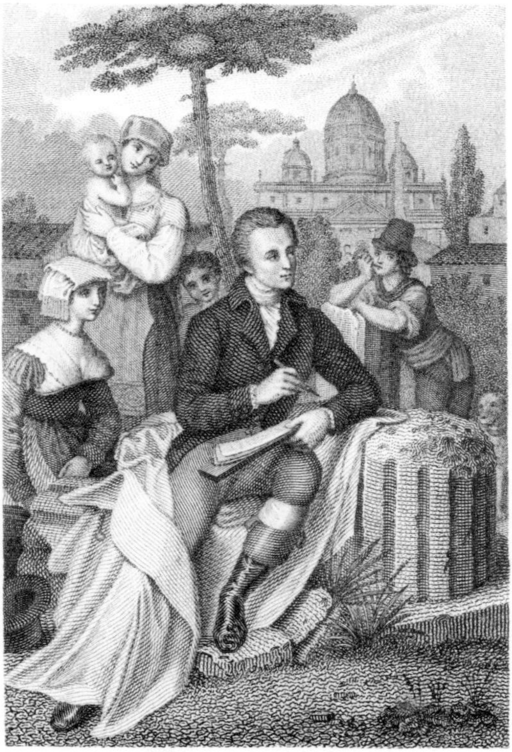

Italienische Reise. I.

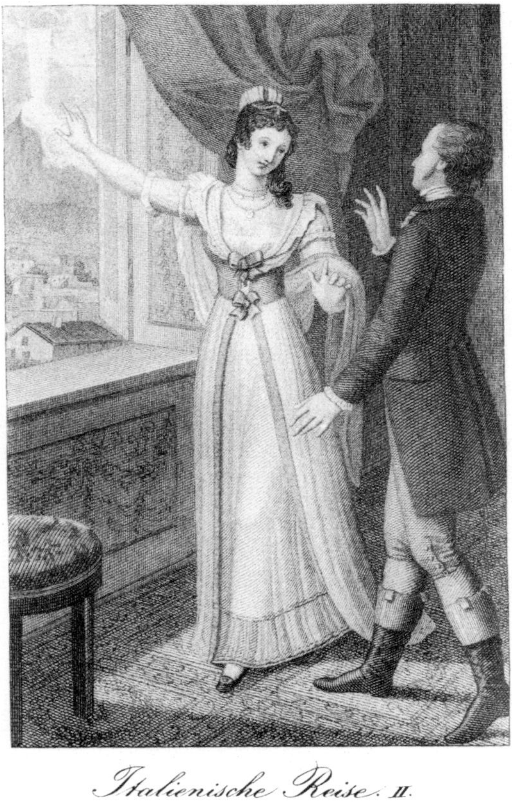

Italienische Reise. II.

Absender (in Druckschrift ausfüllen)

Vorname

Name

Beruf

Straße

PLZ Ort

Diese Karte habe ich dem nachstehend aufgeführten Buch entnommen:

Ihre Bestellung richten Sie bitte an Ihre Buchhandlung.

Bitte Briefmarke nicht vergessen

Verlag
Artemis & Winkler
Werbeabteilung
Postfach 44 02 54 / 55

8000 MÜNCHEN 44

Liebe Artemis & Winkler-Bücherfreunde

Um Sie auch weiterhin über das Programm des Artemis & Winkler Verlages unterrichten zu können, bitten wir Sie, diese Karte an uns zu senden und Ihre persönlichen Interessensgebiete anzukreuzen.

Wir möchten nicht versäumen, Sie darauf hinzuweisen, daß Ihr Name und Ihre Anschrift bei Rücksendung dieser Karte gespeichert werden. So können wir Sie weiterhin regelmäßig mit unseren Informationen versorgen.

- ☐ Winkler Weltliteratur
- ☐ Biographien
- ☐ Artemis-Einführungen
- ☐ Geistes- und Kulturgeschichte
  - Sachbücher zum Mittelalter
  - Kulturhistorisches Sachbuch
  - Zeitdiagnostische Werke
- ☐ Antike
  - Bibliothek der Alten Welt
  - Sammlung Tusculum
  - Allgemeine Antike
- ☐ Artemis-Cicerone Kunst- und Reiseführer
- ☐ Bildbände
- ☐ Kinderbilder- und Jugendsachbücher
- ☐ Architektur
- ☐ Nachschlagewerke

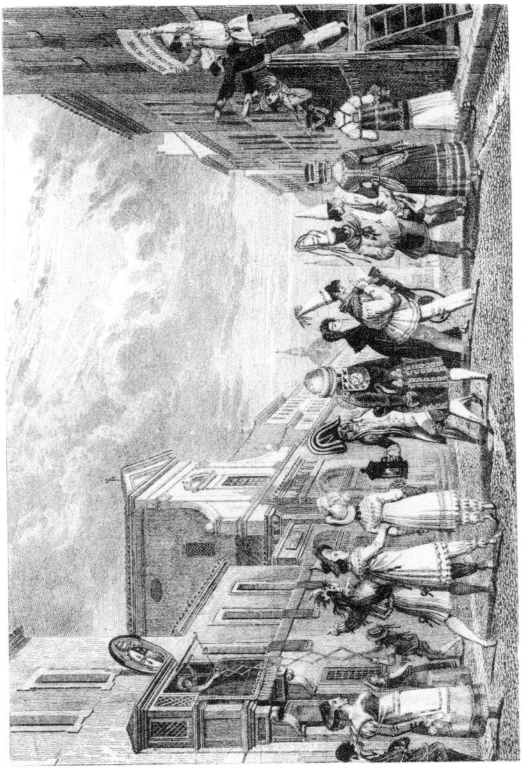

Römische Carneval's Szene.

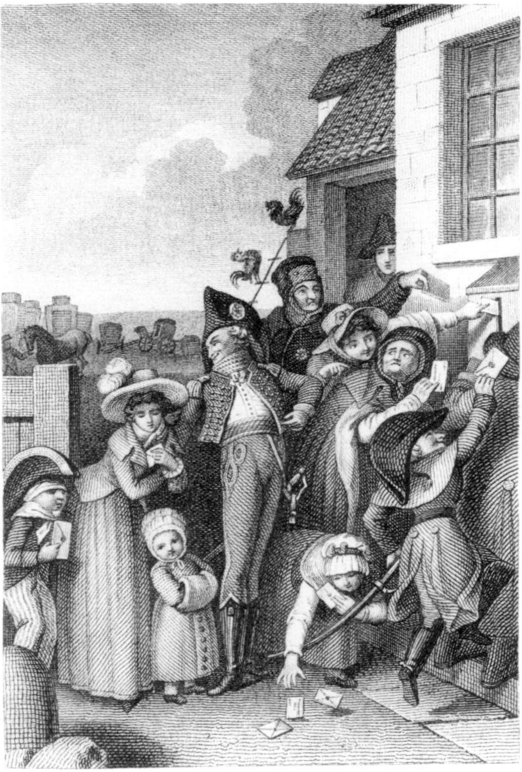

Zur Campagne von Mainz.

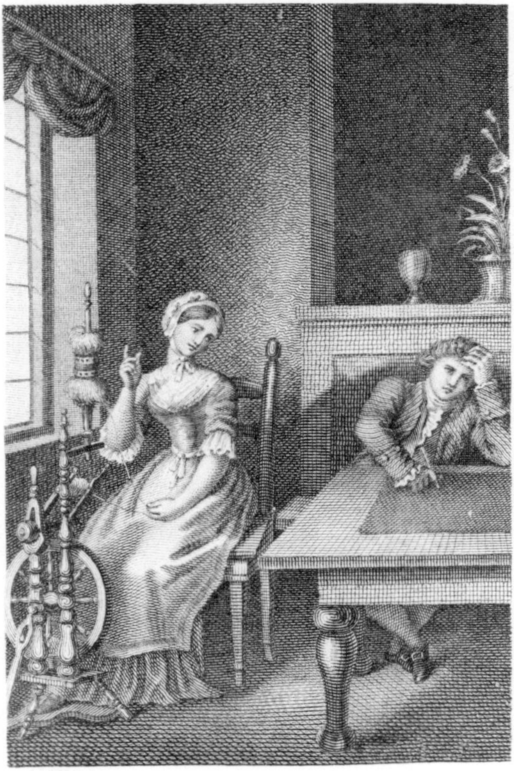

Aus meinem Leben. I. 1r. Band.

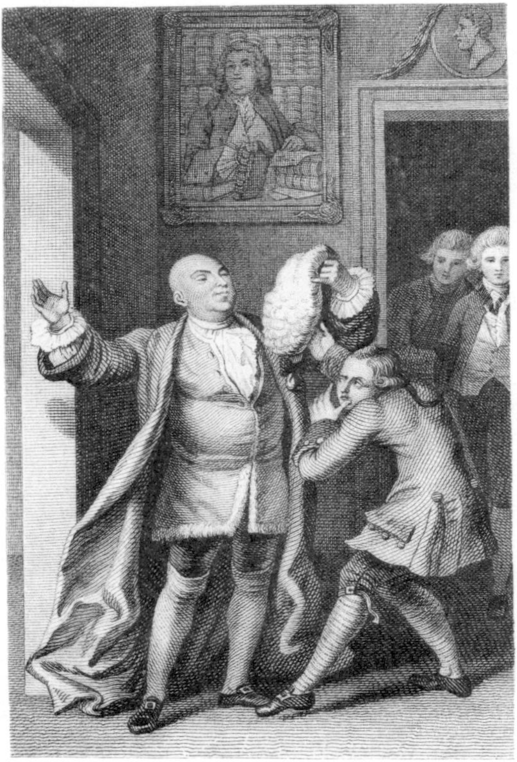

Aus meinem Leben I. 2ter Band.

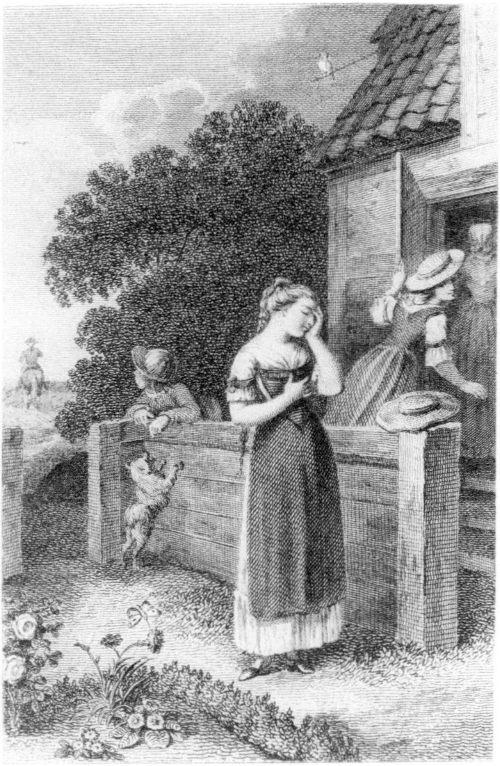

Aus meinem Leben. I. 3.r Band.

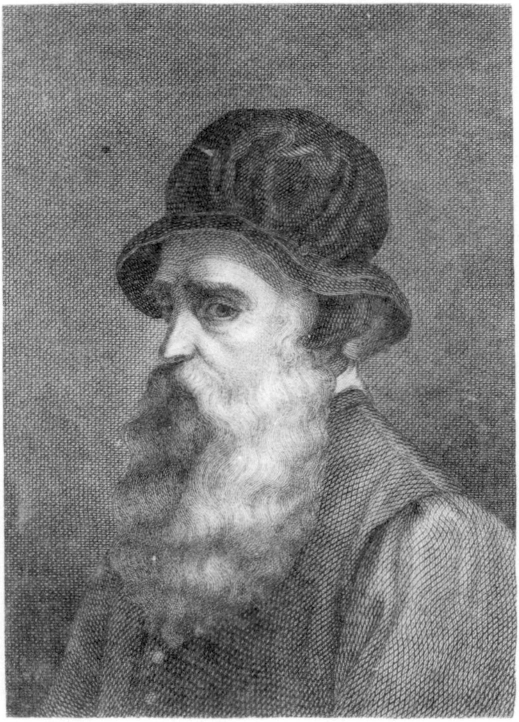

BENVENUTO CELLINI.

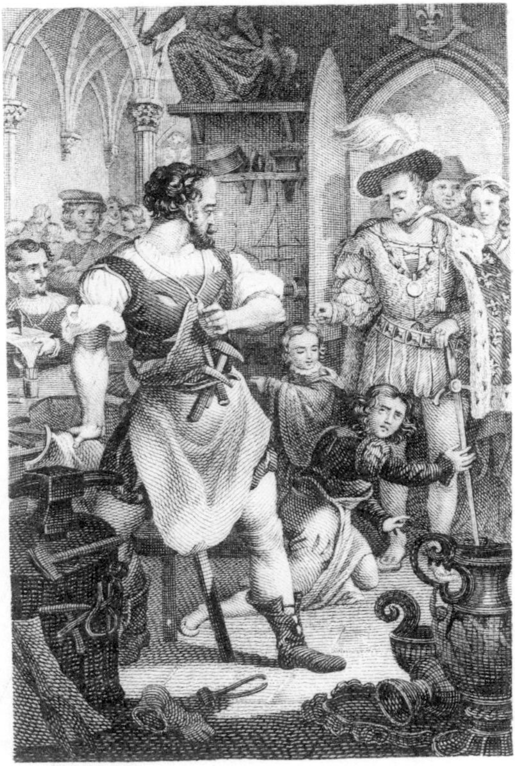

Aus Benvenuto Cellini's Leben. 2r. Bd.

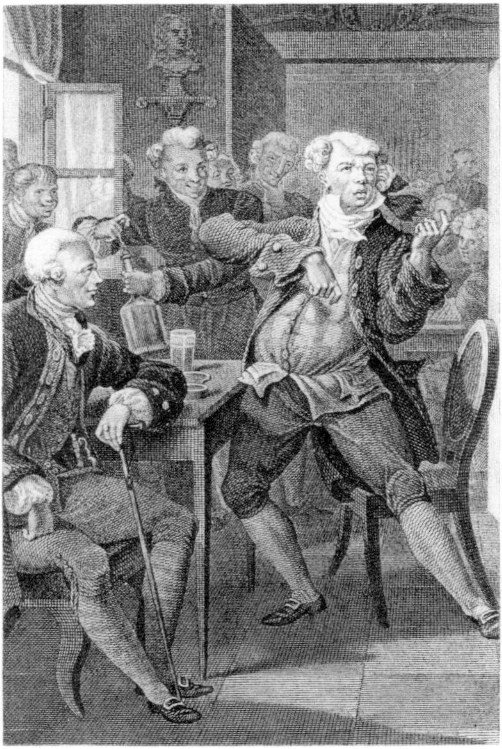

Aus Rameaus Neffe.

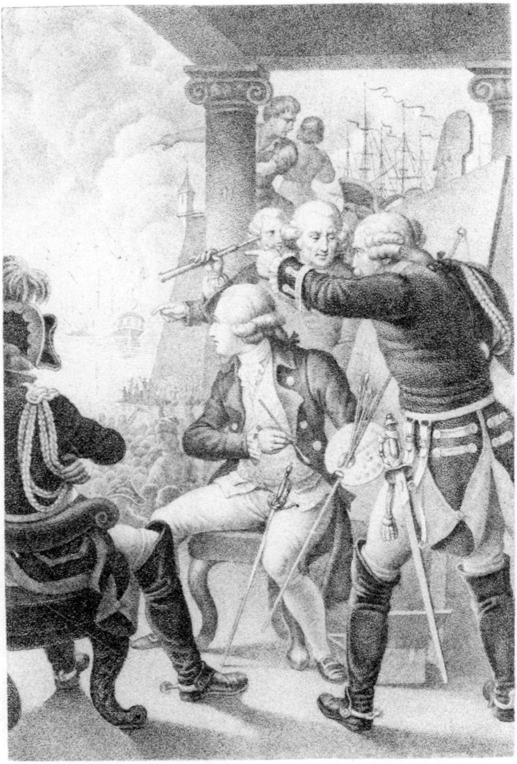

Aus P. Hackerts Leben.

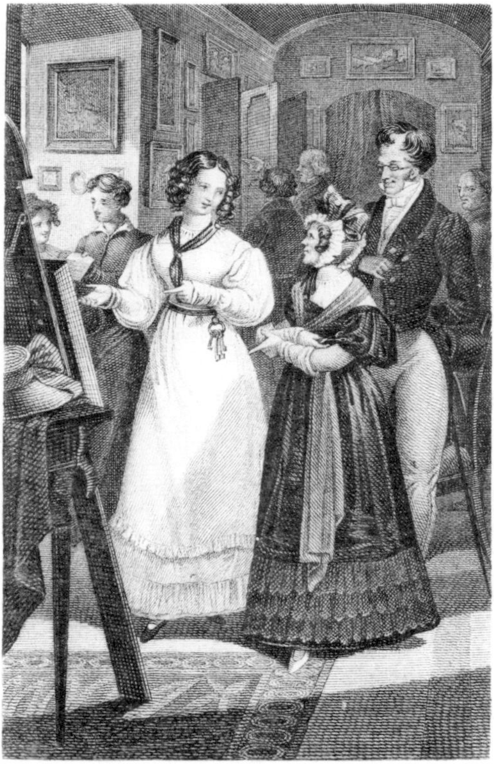

Der Sammler und die Seinigen.

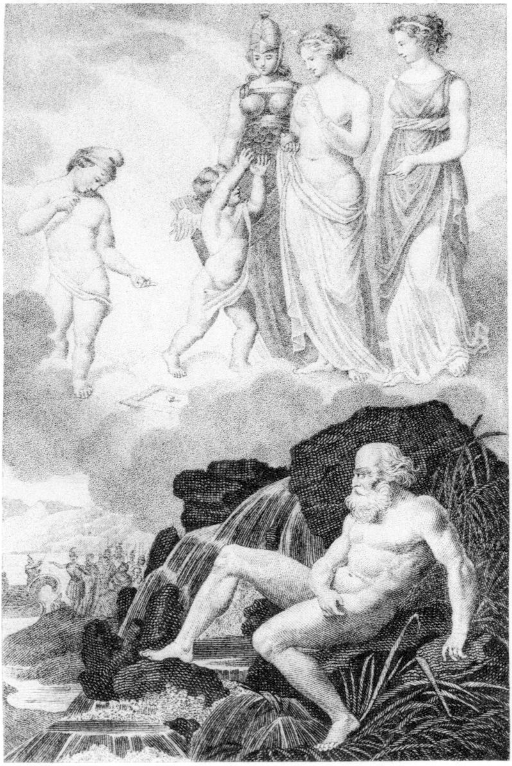

Die Philostratischen Gemälde.

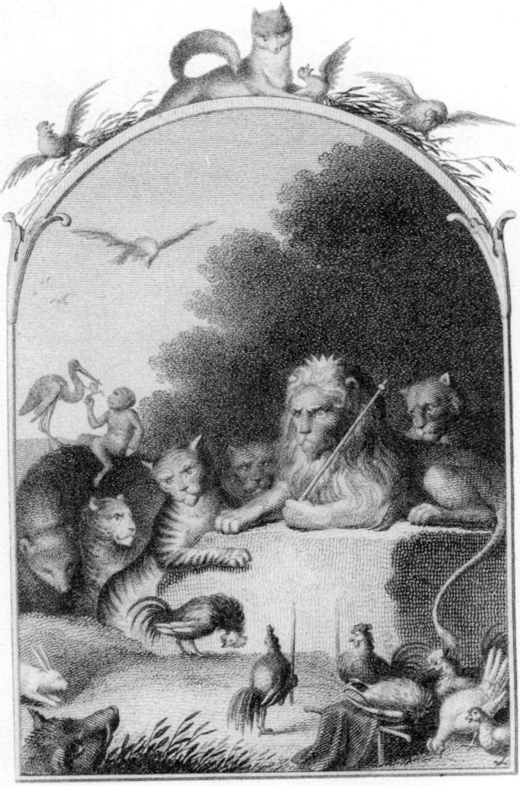

Reinecke Fuchs.

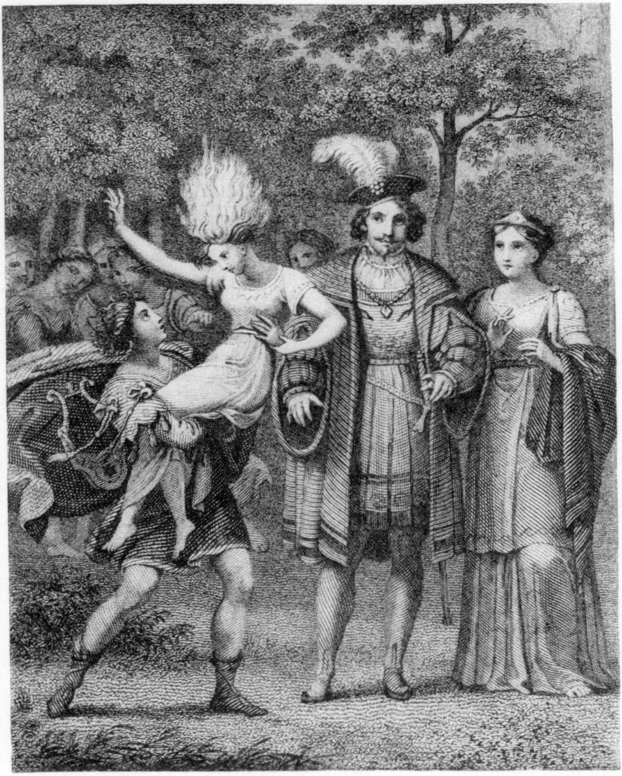

Aus Faust, 2.r Theil. 3.r Act.

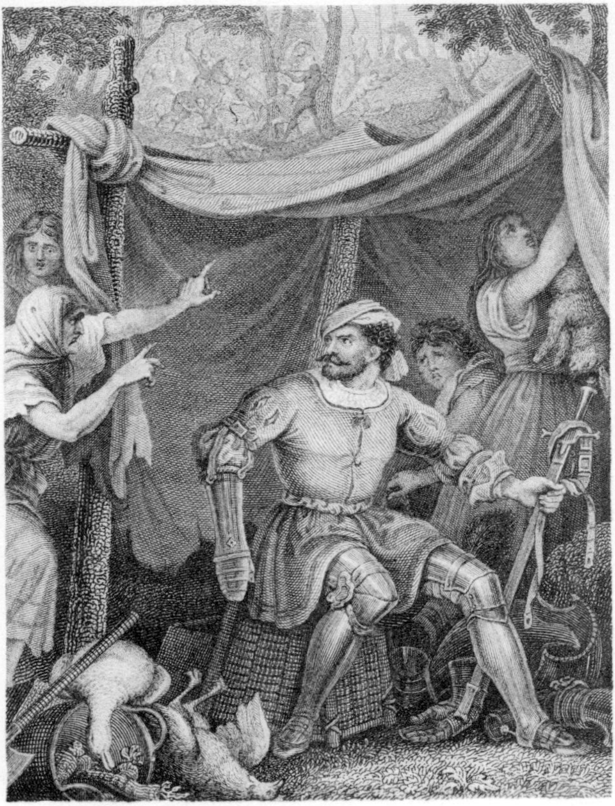

Aus Götz von Berlichingen.

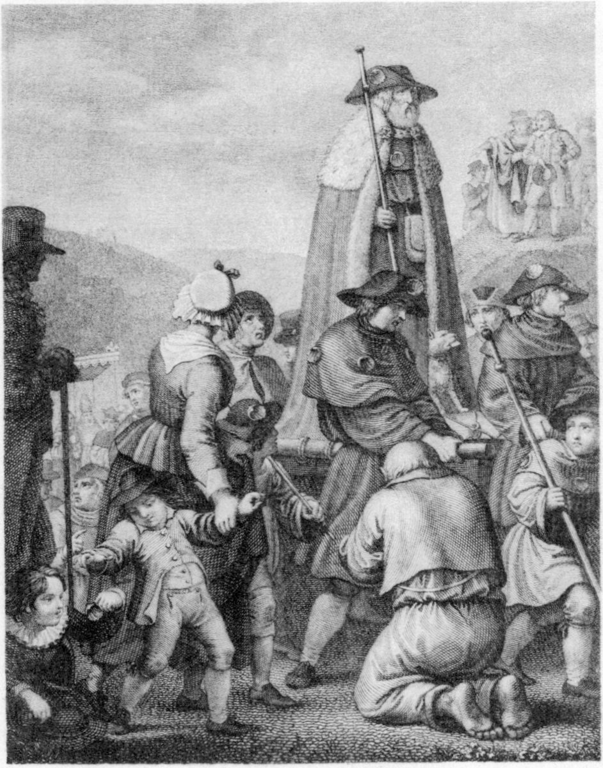

Das Rochus Fest zu Bingen.

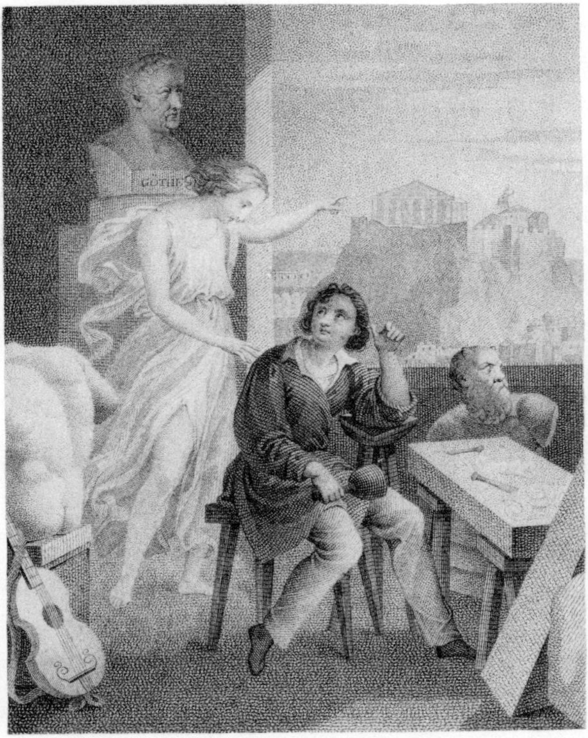

Künstler's Sinnen.

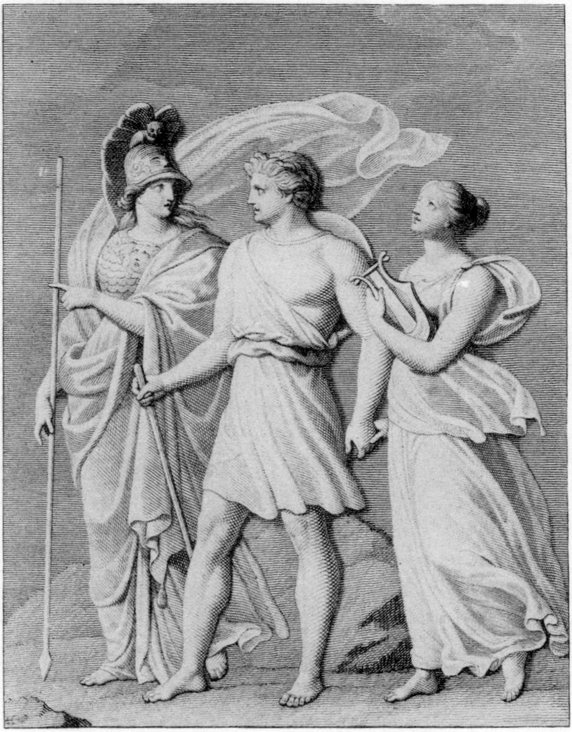

Zum Aufsatz für junge Dichter.

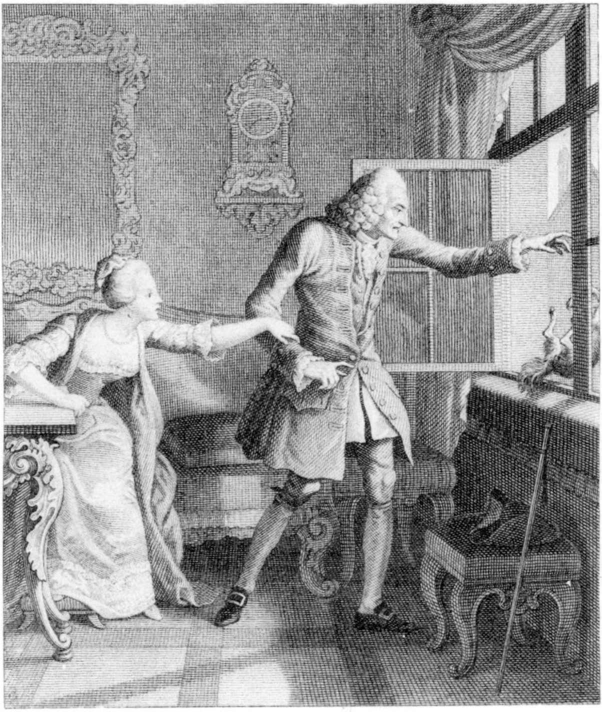

Zu Rameaus Neffen.

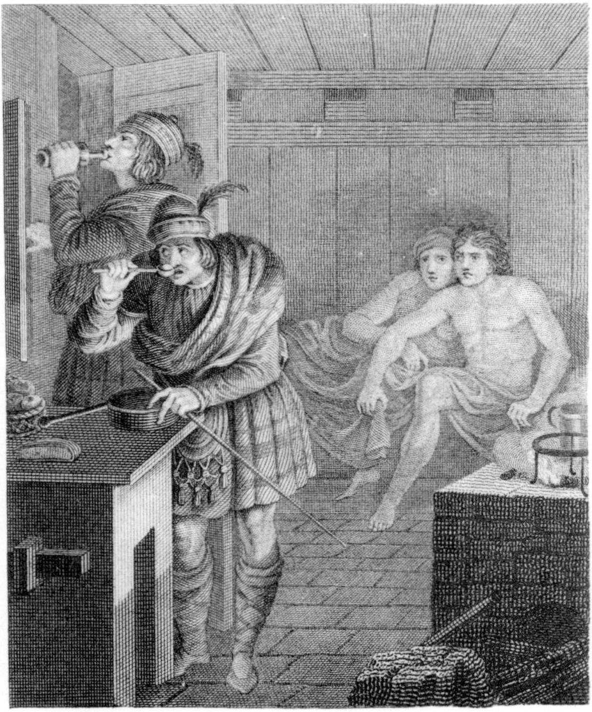

Gutmann und Gutweib.

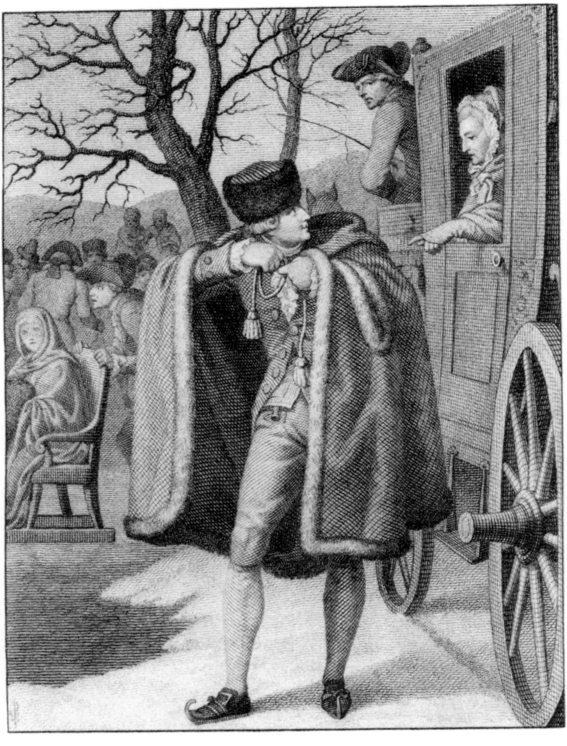

Aus Goethe's Leben.

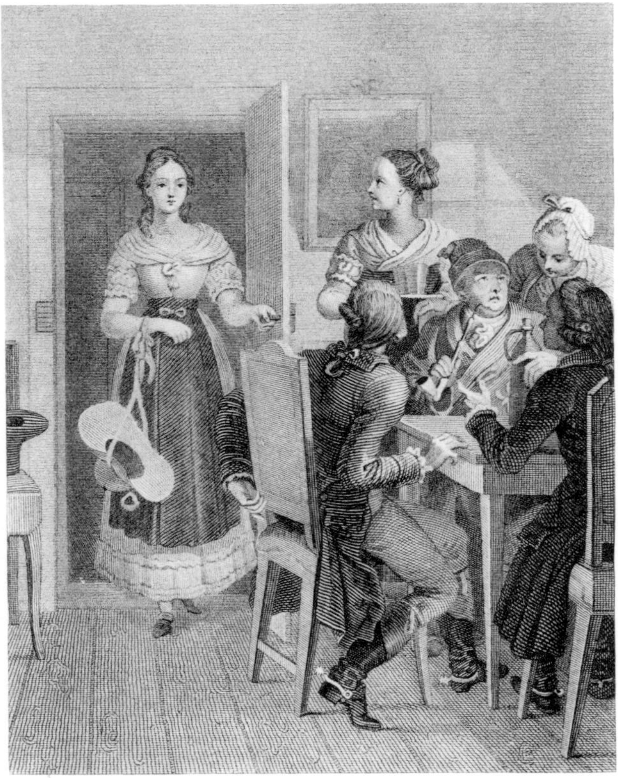

Aus Goethe's Leben

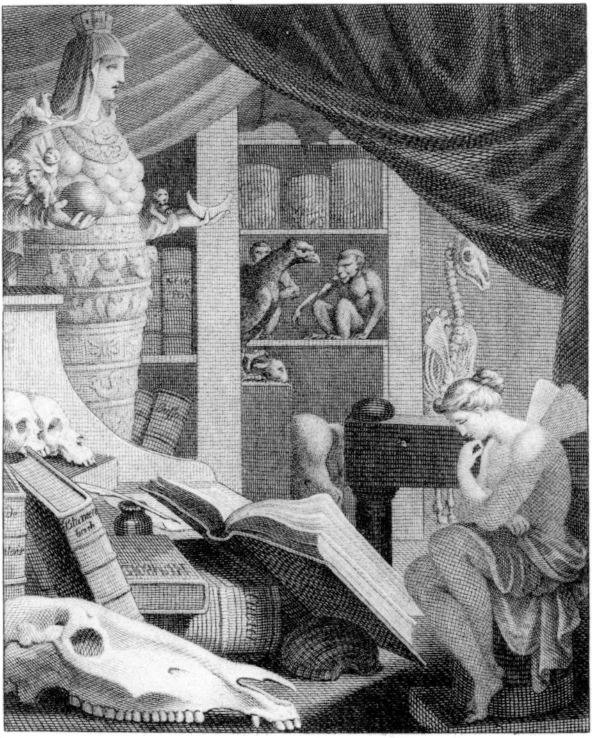

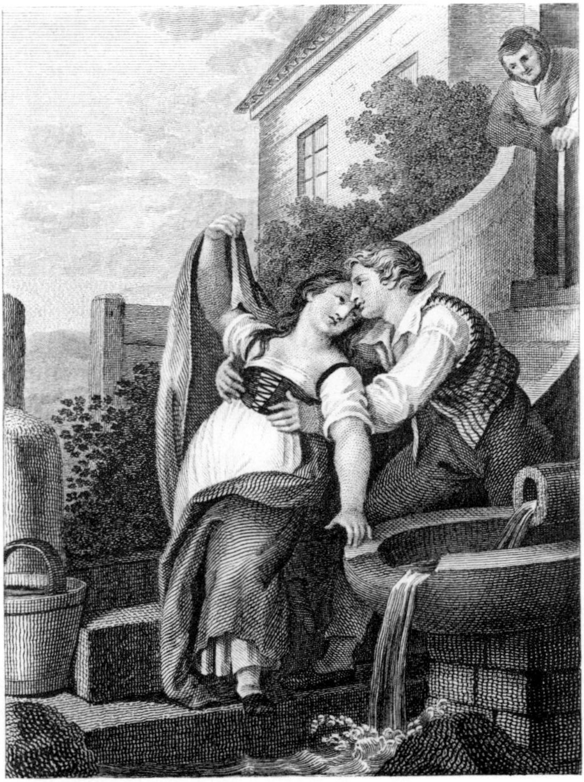

Der Müllerin Reue.

(Gedichte I.)

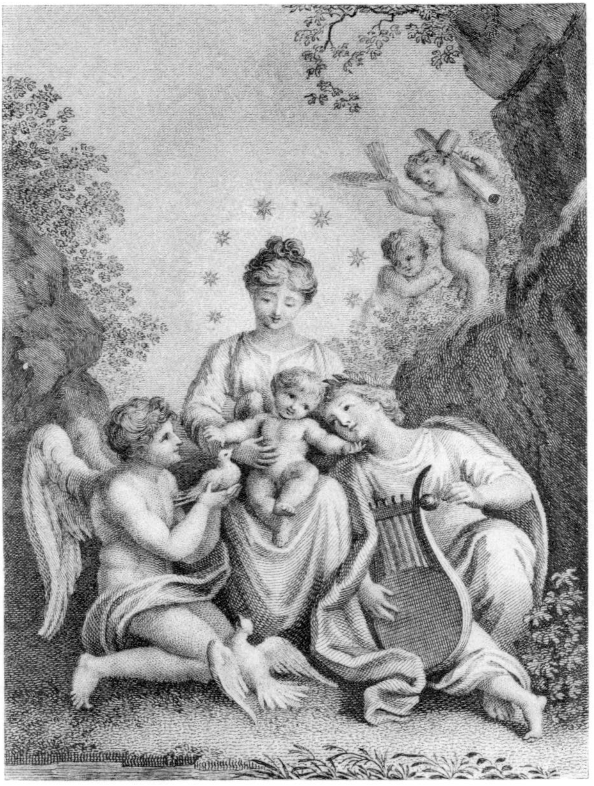

Der neue Amor.

Gedichte II.

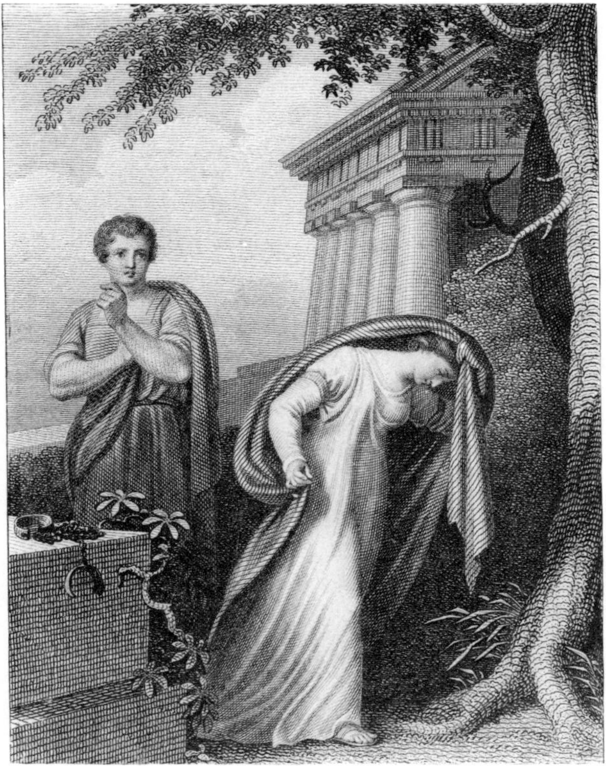

Iphigenie auf Tauris II. Aufz. 2.r Auftr.
Iphigenie: Es ist genug. Du wirst mich wiedersehn.

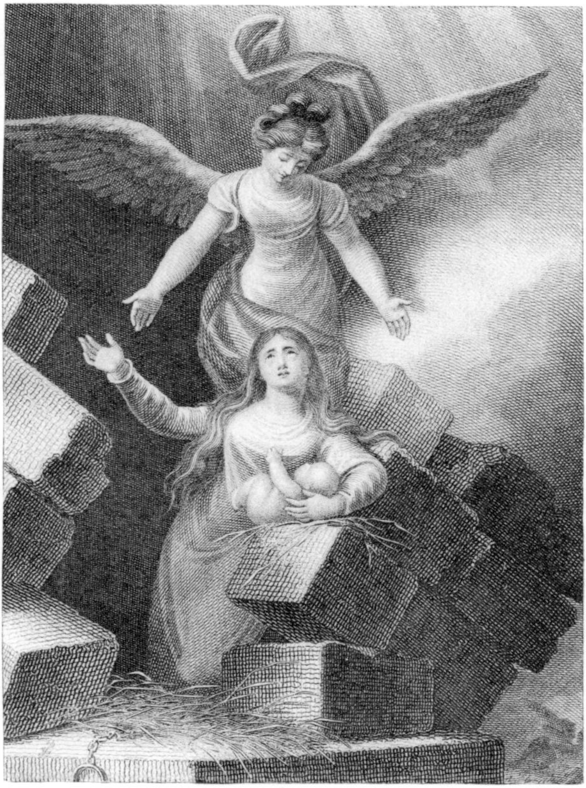

Faust.

— Ist gerettet.

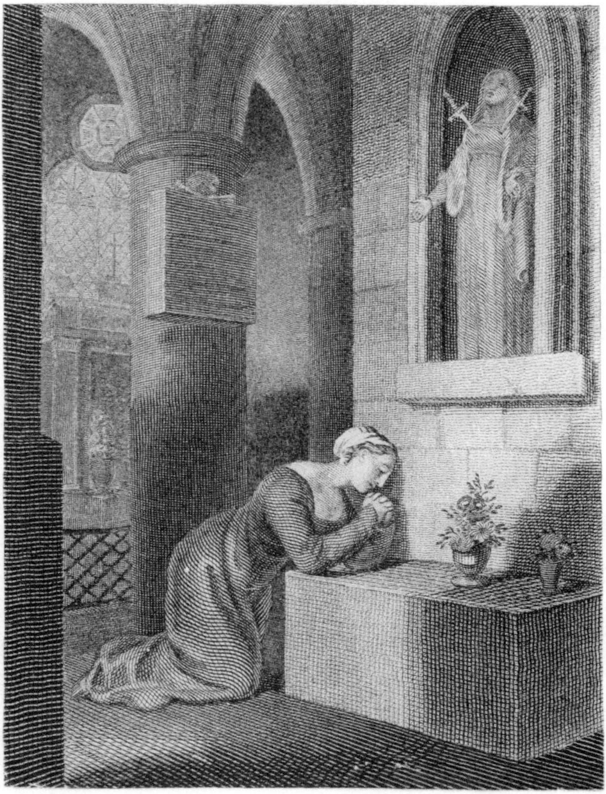

Faust.
Gretchen. Ach neige, Du Schmerzensreiche,
Dein Antlitz gnädig meiner Noth!

Nachbemerkung

Goethes Dichtungen sind schon in den siebziger Jahren des 18. Jahrhunderts Illustrationen beigegeben worden, freilich nicht von einem der seriösen Verleger seiner Werke, sondern von einem unrechtmäßig handelnden Nachdrucker: Himburg in Berlin veröffentlicht die ›Schriften‹ (4 Bände, 1775–1779) mit acht Kupfern nach Meil und Chodowiecki. Der 2. und 3. Auflage (1777–1779 bzw. 1779) wird dann jeweils ein weiterer Kupferstich hinzugefügt. Dieses Beispiel haben andere Verleger von Goethes Werken aufgegriffen. Göschen läßt die achtbändige Ausgabe der ›Schriften‹ mit 12 Kupfern von Chodowiecki, Lips und weiteren Künstlern erscheinen. Auch die folgenden Sammlungen von Goethes Dichtungen (›Neue Schriften‹, 1792; ›Schriften‹, 1801–1803) werden mit Kupfern und Vignetten versehen. Diese Tradition wird von Cotta in Tübingen und vor allem von den Wiener Verlegern Geistinger (26 Bände, 1810–1817) und Kaulfuss/Armbruster (26 Bände, 1816–1822) fortgesetzt. Für die schönen Wiener Editionen entstehen Kupferstiche zu jedem Band, die – für sich genommen – als Vorläufer zu der 1827–1834 publizierten, hier erstmals im Lichtdruck wieder vollständig vorgelegten ›Kupfersammlung (oder Titelkupfer) zu Göthe's Werken in 55 Blättern aufgefaßt werden können.

Einzelne Dichtungen Goethes sind bereits von 1789 an mit Abbildungen herausgegeben worden. ›Das Römische Carneval‹ (1789) mit seinen zwanzig besonders schönen kolorierten Kupfertafeln ist wohl als eine Ausnahme zu bezeichnen, denn die bunte Welt des römischen Faschingstreibens verlangte geradezu nach der künstlerischen Darstellung. Ganz und gar aus der Dichtung gehen die Kupferstiche zur neuen Ausgabe von ›Hermann und Dorothea‹ (1799) und die sechs Arbeiten von Catel zu ›Wilhelm Meisters Lehrjahren‹ (1799) hervor, die der Braunschweiger Verleger Vieweg veranlaßt hat.

Vor dem Erscheinen des ersten Teils der ›Faust‹-Dichtung beschäftigt sich Goethe selbst mit der Frage, ob das Verständnis des Werkes durch sinnerschließende Illustrationen gefördert werden könne. Doch er verwirft schließlich diesen Gedanken und erklärt seinem Verleger Cotta: »Es ist so schwer, daß etwas geleistet werde, was dem Sinne und dem Tone nach zu einem Gedicht paßt. Kupfer und Poesie parodieren sich gewöhnlich wechselweise« (Brief vom 25. November 1805). Dennoch sind Vorbereitungen zu einer illustrierten ›Faust‹-Ausgabe getroffen worden; darauf deutet die Existenz eines Exemplars der ersten

Einzelausgabe von 1808 mit vier Holzschnitten von C. Osiander hin.

Gerade der ›Faust‹ hat die Künstler von Anfang an zu Nachschöpfungen angeregt. Zur Göschen-Ausgabe des Fragments von 1790 wird von Johann Heinrich Lips ein Blatt Rembrandts nach- und umgestochen. 1796 entwirft Asmus Jakob Carstens eine Skizze zur ›Hexenküche‹. Moritz Retzsch und Peter Cornelius legen 1816 jeweils ganze Szenenfolgen zum ersten Teil des ›Faust‹ vor, die sowohl einfache Wiedergaben der dramatischen Situation als auch künstlerische Ausdeutungen der Dichtung enthalten. Es besteht kein Zweifel: Diese Arbeiten – vor allem jene von Retzsch – sind unmittelbar den Theatern von Nutzen gewesen, da sie von einzelnen Szenen räumliche Vorstellungen vermittelten. Goethe hat dann in sechs Skizzen wichtige Szenen des ›Faust I‹ ins Bild zu setzen versucht; diese Zeichnungen – und eine weitere zum zweiten Teil – erschließen den dramatischen Vorgang für die Darstellung auf der Bühne. Den frühen ›Faust‹-Blättern folgen solche großartigen Deutungen wie die von Delacroix (1828) und viele von Künstlern unseres Jahrhunderts.

1827 beginnt Cotta mit der Herausgabe von Goethes Werken in der ›Vollständigen Ausgabe letzter Hand‹, die der Dichter am Ende seines Lebens als noch zu leistende Aufgabe und als Vermächtnis an die Nachwelt verstanden hat. Die Leipziger Verleger Friedrich und Gerhard Fleischer ergreifen die Gelegenheit und begleiten die Bände dieser Ausgabe mit Kupferstichen zu einzelnen Werken Goethes. Beide veröffentlichen zunächst – was bisher nicht allgemein erkannt worden ist – jeweils eigene Sammlungen, wobei sie das Format der Blätter den unterschiedlichen Reihen anpassen, die als Oktav- und als Taschenausgabe bezeichnet werden (40 Bände, 1827 bis 1830). Die nach Goethes Tod folgenden Bände (›Nachgelassene Schriften‹, Bände 41–60, 1832–1842) haben zur Fortsetzung des Unternehmens angeregt. Übrigens ziehen beide Verleger zumeist die gleichen Stecher heran.

Friedrich Fleischer (1794–1863) stammt aus einer bekannten, zumeist in Leipzig ansässigen Buchhändler-Familie; er hat 1808 das Geschäft von seinem Vater Benjamin Georg Fleischer und 1819 den Verlag übernommen; durch Ankauf weiterer Firmen gelingt es ihm, sein Unternehmen zu vergrößern. Als Vorsitzender der Leipziger Buchhändlerdeputation wirkt er bei der Gründung des Buchhändler-Börsenvereins (1835) und der Buchhändler-Lehranstalt (1853) mit. Über Gerhard Fleischer (1770–nach 1838), der übrigens ein Onkel von Friedrich Fleischer ist, läßt sich nicht viel beibringen; auch er betätigt sich als

Buchhändler und Verleger in Leipzig, seit 1838 in Dresden.

Gerhard Fleischer hat für seine Kupferstichfolge den Braunschweiger Maler Johann Heinrich Ramberg (1763–1840) gewinnen können. Ramberg liefert 25 Vorlagen zur ›Ausgabe letzter Hand‹, die von Schwerdgeburth (16), Blaschke (4), Leybold (2), Axmann, Eissner und Passini (je 1) gestochen werden. Sie beziehen sich inhaltlich auf die Bände 1–25 dieser Ausgabe, stimmen aber in der Numerierung nicht mit den Bandzahlen überein. In einigen wenigen Exemplaren sind die Kupfer den entsprechenden Bänden beigefügt worden. Zu Band 1 gehört ein Goethe-Porträt des Weimarer Künstlers Carl August Schwerdgeburth (1785–1878) in Gestalt eines Medaillons bzw. einer Münze. In Anlehnung an die Rauchsche Büste hatte Antoine Bovy in Genf 1824 eine Goethe-Gedenkmünze geschaffen (Neuauflage 1831). Schwerdgeburth gestaltete für Goethes ›Dankesblatt‹ anläßlich der Glückwünsche zum 50. Jahrestag der Ankunft in Weimar (7. November 1825) in einem Stich die Arbeit Bovys nach. Dieser Stich findet hier wieder Verwendung.

Friedrich Fleischer sucht für seine Kupferstich-Sammlung ebenfalls bedeutende Künstler zu verpflichten. Zu den Mitarbeitern zählen zunächst Gustav Heinrich Naeke (auch Naecke, 1786–1835), Ludwig

Ferdinand Schnorr von Carolsfeld (1788–1853), Moritz von Schwind (1804–1871), Moritz Retzsch (1779–1857) und drei weitere Maler. Die einzelnen Blätter werden den Bänden 1–25 der ›Ausgabe letzter Hand‹ direkt zugeordnet; Ziel des Verlegers ist es, das Unternehmen bis zum letzten, 40. Band der Ausgabe weiterzuführen.

Offensichtlich hat Friedrich Fleischer mit seiner Folge günstigere Verkaufsergebnisse erzielt; und er hat vielleicht auch schneller publizieren können, da eine Vielzahl von Künstlern beteiligt ist. Die Folge wirkt zudem farbiger, wenn auch den Stichen nach Ramberg eine größere Geschlossenheit bescheinigt werden muß. Wahrscheinlich sind hierin die Ursachen dafür zu suchen, daß von Lieferung 6 (Blatt 26) an beide Folgen zu einer einzigen vereinigt werden, und zwar unter der Leitung von Friedrich Fleischer. Letzteres war schließlich der ausschlaggebende Grund dafür, die Blätter 1–25 der Gesamtfolge in vorliegendem Neudruck ebenfalls in der von diesem Verleger herausgegebenen Version darzubieten, die von Gerhard Fleischer veröffentlichten, später von Friedrich Fleischer gesondert vertriebenen 25 Arbeiten Rambergs aber einer späteren Publikation vorzubehalten.

Eine Notiz am Schluß der fünften Lieferung kündigt die Zusammenführung der Unternehmen an:

»Die folgenden Lieferungen werden sich in beiden Ausgaben völlig gleich seyn, und die 6te zu Michaelis 1829 erscheinen.« Der Hinweis auf zwei Ausgaben ist so formuliert, daß der Uneingeweihte sie auch auf zweierlei Formate beziehen könnte, denn die einzelnen Lieferungen werden weiterhin in ›Gross-Octav‹ und als ›Taschen-Ausgabe‹ mit unterschiedlichen Preisen verbreitet.

Zu den bereits mitwirkenden Künstlern gesellt sich vor allem Peter Carl Geissler (1802–1872). Der gute Absatz bewegt den Verleger, die Sammlung sehr rasch zum Abschluß zu bringen.

Als die Cotta-Ausgabe durch die ›Nachgelassenen Schriften‹ ergänzt wird, gibt Friedrich Fleischer öffentlich seine Absicht kund, auch für diese fünfzehn Bände Illustrationen in Auftrag zu geben. Seine ›Nachricht‹ an die potentiellen Käufer lautet: »Den Wünschen einer grossen Anzahl von Abonnenten auf die Kupfersammlung zu Göthe's Werken nachgehend, hat der unterzeichnete Verleger sich entschlossen, auch zu den noch erschienenen fünfzehn Supplement-Bänden Kupfer zeichnen und stechen zu lassen. [–] Man wird hoffentlich mit der Ausführung nicht unzufrieden sein, und gewiss den Verleger für die verhältnismässig sehr grossen Kosten bei so geringem Preise, durch eine zahlreiche Subscription, sicher stellen.«

Über die ursprünglich vorgesehenen 40 Stiche (zu den 40 Bänden der ›Ausgabe letzter Hand‹) hinaus wird nun die Sammlung auf insgesamt 55 erweitert. Für die Bände 41–50 liefert Retzsch die Zeichnungen. Als die Bände 51–55 vorliegen, erkennt der Verleger, daß deren Inhalt kaum zu illustrieren ist; auf dem Deckblatt zur elften und letzten Lieferung vermerkt er deshalb: »Die Schwierigkeiten einen bildlichen Stoff aus dem wissenschaftlichen Inhalte dieser Bände zu finden, gab die Veranlassung, an diese Stelle lieber aus dem reichen Schatze der Frühern zu wählen, wie diess auch bei frühern ähnlichen Sammlungen geschehen ist.« So werden zwei Gedichte eine Szene aus ›Iphigenie‹ und zwei aus ›Faust‹ illustriert. Die Vorlagen stammen von Ramberg, der für Blatt 55 auf die bereits von Gerhard Fleischer veröffentlichte Schlußszene von ›Faust I‹ (dort Blatt 21) zurückgreift. Übrigens stimmen auch die Blätter 33 und 49 nicht mit dem Inhalt der jeweiligen Bände (Rezensionen, ›Prometheus‹, ›Götter, Helden und Wieland‹, ›Einzelnheiten‹, ›Maximen und Reflexionen‹) überein, der sich künstlerischer Gestaltung entzogen zu haben scheint. Der Genauigkeit halber ist schließlich hinzuzufügen, daß die Sammlung – da Blatt 13 zweimal vertreten ist – eigentlich 56 Stiche umfaßt.

Die Preise pro Lieferung – mit jeweils fünf Stichen – betrugen für »erste Drücke in gr. Octav 12 gr.

[Groschen] oder 54 kr. [Kreuzer] in Duodez 8 gr. oder 36 kr.« Alle »55 Kupfer in 11 Heften vollständig« sind für »5 Thlr. 12 Gr.« (Großoktavausgabe) bzw. für »3 Thlr. 16 Gr.« (Taschenausgabe) zu haben gewesen. Einzelne Blätter kosteten 2 Groschen. In Friedrich Fleischers Verlagsprogramm finden sich ferner ›Kupfersammlungen‹ zu Schillers, Wielands, Klopstocks und Shakespeares Werken sowie »12 schöne Portraits berühmter Männer« als Ergänzung zu einem Konversationslexikon.

Die Folge von 55 Stichen mit Illustrationen zu einer stattlichen Reihe von Werken Goethes besitzt ihren Wert als ein erster umfassenderer Überblick über das Gesamtschaffen des Dichters aus der Sicht bildender Künstler, und sie deutet zugleich auf die unmittelbare zeitgenössische Aufnahme von Goethes Lebenswerk überhaupt hin. Wenn in den Illustrationen auch erläuternde und erklärende Züge vorherrschen, so wird dennoch der poetische Vorgang, die szenische Situation zu erfassen gesucht. Verhältnismäßig einfach in der künstlerischen Form, erheben die Stiche keinen Anspruch darauf, ein Werk gültig auszudeuten oder gar weiterführend zu interpretieren. Das gilt für die Arbeiten von Retzsch und Ramberg ebenso wie für die von Schnorr von Carolsfeld oder Moritz von Schwind. Einen Anteil an diesem Eindruck mag allerdings auch die vereinheitlichende Arbeit der Stecher haben. Die beteiligten Zeichner und Stecher kommen aus Leipzig, Dresden, Braunschweig und Weimar, aber auch aus entfernteren Städten wie München, Aarau (Schweiz), Prag und Wien. In einem Falle, nämlich zu ›Benvenuto Cellini‹ (Blatt 34) arbeitet der Stecher »nach einem alten Bilde«, d. h. nach dem von Giorgio Vasari (1511 bis 1574) stammenden Porträt. Die Namen der Zeichner und Stecher sind auf den Kupfertafeln – meist zusammen mit dem jeweiligen poetischen Motiv – und in den Verzeichnissen der einzelnen Lieferungen (für die Lieferungen 1–5 in zusammengefaßter Form) genannt.

Die bereits als sehr selten zu bezeichnende Kupferstich-Sammlung wird nach einem in der Zentralbibliothek der deutschen Klassik in Weimar verwahrten Exemplar mit der Signatur F 3469 wiedergegeben.

Hans Henning

Verzeichnis der Künstler

Zeichner

Stecher

Verzeichnis der Kupferstiche

€ 8,–